So Easy
Comida Para Niños Pequeños

Sugerencias y Recetas Sencillas
Para Sobrevivir los Años de
Niños Pequeños

Joan Ahlers & Cheryl Tallman

Comida Muy Fácil Para Niños Pequeños
Sugerencias y Recetas Sencillas Para Sobrevivir los Años de Niños Pequeños

Primera Edición, Copyright ©2009, Fresh Baby LLC
Todos los derechos reservados
No está permitido reproducir, en ninguna forma, este libro, ni en todo ni en partes.

Publicado por Fresh Baby LLC
202 Grove Street, Petoskey, MI 49770
www.freshbaby.com

ISBN: 9780-97-272277-3

Autores: Joan Ahlers y Cheryl Tallman
Cubierta y Diseño: Dylan Tallman, Creative i
Fotografías: Roger Tallman, Creative i
Editor: Jillian Lieder
Traducción al español: Susan Witt
Corrector del texto: Ed Campos

Datos nutritivos e imágenes por atención de www.NutritionData.com
Agradecimientos especiales a : Katherine M. Klumpyan, RD y Lisa S. Hamlett, MS, RD, IBCLC, RLC

Seis Sugerencias Para Desarrollar Hábitos de Comer Saludables

Cuando niños pequeños empiezan comer comidas para adultos, pueden desarrollar hábitos de adultos de comer. Algunos de nuestros hábitos no nos hacen saludables, por ejemplo, demasiado comida con poco valor nutritivo y pocas verduras. Nunca es demasiado temprano para niños a desarrollar hábitos saludables. Pueden durar toda la vida. Estas sugerencias sencillas ayudarán usted y toda su familia elegir comidas saludables.

1 Sea un buen ejemplo

Es sencillo. Niños aprenden de su ejemplo y quieren estar precisamente como usted. Usted no puede esperar de criar un niño que come comida saludable si usted misma no la come. Aqui hay sugerencias para ayudarle ser un buen ejemplo de comer saludable:

- Mantenga frutas y verduras disponibles y listas para comer.

- Elige carne magra y proteínas de bajo contenido graso, como huevos, nueces, tofu, y frijoles.

- Evite comidas fritas. Métodos de cocinar más saludables incluyen al horno, asar, al vapor o hervir.

- Limítese cuanto come de alimentos procesados. Por regla general, compra productos que contienen ingredientes comunes que encuentra en la concina, no en un laboratorio químico. Evite comprar comidas heladas o enlatadas (como cenas de TV, pasta enlatada, etc.)

- Solo compra comida rápida o comida de poco valor nutritivo de vez en cuando. Estas comidas son altas en grasas, sal, y calorías. Justamente por eso no son saludables a comer todo el tiempo.

- No guardas refrescos o bebidas dulces en su casa. Limítese también la cantidad de jugo de 100% fruta que toman sus hijos.

 ¡Sea Positiva! Como un primer paso habla de que bueno son las comidas saludables. Permita su hijo saber cuáles comidas está comiendo y porque son importantes para crecer fuerte y más grande. Esta información puede ayudar a su niño pequeño entender la importancia de elegir comidas saludables.

2 Ofrezca una variedad para una dieta balanceada

Toma en cuenta modos de comer. La clave a una dieta balanceada es variedad. Diferentes comidas provee alimentos diferentes (sustancias requeridas para crecer y su salud). Sus niños debieran comer muchas comidas diferentes para lograr todos los alimentos que necesitan. Una dieta variada le ayudará mantener su salud y reforzar un cuerpo fuerte. No les sirve a sus niños las mismas comidas cada día, cambia lo que haga para desayunar, almorzar, y cenar.

Cada día, su niño pequeño debiera comer:

- Verduras
- Frutas
- Granos integrales (por ejemplo, pan integral, pasta, arroz integral, o avena)
- Proteínas (por ejemplo, frijoles, pescado, o carnes magras)
- Productos lácteos

 Coma frutas y verduras de muchos colores

Sus niños debieran comer una variedad de colores de frutas y verduras cada día. Cada gama de color provee alimentos diferentes; por eso debieran comer un arco iris de colores. ¡Puede ser muy divertido también! Aquí hay 5 colores mayores y ejemplos de comidas:

 Azul/morado: Arándanos, uvas moradas, ciruelas, repollo morado, y berenjena

 Verde: Aguacates, melón, kiwi, alcachofas, espárragos, brócoli, pepinos, ejotes (judías verdes o habichuelas o porotos verdes o chauchas), y arvejas

 Blanco: Plátanos (bananas), peras, coliflor, ajo, jengibre, jícama, champiñones, chirivías, papas, y maíz blanco

 Amarillo/Anaranjado: Albaricoques, melones, naranjas, papayas, piñas, calabaza, zanahorias, y batatas

 Rojo: Manzanas rojas, cerezas, arándanos agrios, granadas, fresas, pimientos rojos, rábanos, radicchio, y tomates

¡Hágalo divertido! Cuando está en la tienda, pídeles a sus niños a escoger frutas y verduras de diferentes colores. Durante las comidas haga un juego nombrando los colores y las comidas. Comer de color es un concepto fácil a enseñar a los niños pequeños. El juego les ayudará mucho a desarrollar hábitos de comer saludable.

Coma despacio para no comer demasiado. No coma de prisa.

Comer despacio es muy importante para una vida saludable. Le ayuda a la digestión. También reduce la posibilidad de hinchar, de dolor de estómago, o de la acidez. Además, cuando coma despacio, previene comiendo demasiado. Comer lentamente da tiempo al estómago a señalar el cerebro cuando usted ha comido suficiente. Puede parar antes de que coma demasiado. Normalmente el proceso toma alrededor de 20 minutos.

Aquí hay algunas sugerencias para ayudar a su familia a retardarse en horas de comer:

Coma en la mesa, no enfrente de la tele.

Beba un sorbo de agua entre bocados de alimentos.

Anima conversación en comidas, y deje su tenedor para escuchar a la persona que habla.

Masque su alimento bien antes de tragar.

Toque música lenta y tranquila durante comidas.

5 Animar a beber agua

Agua es la mejor bebida para la sed y realiza algunas tareas grandes en nuestros cuerpos. Ayuda con la digestión, regula la temperatura del cuerpo, lleva nutrientes a las células, y ayuda eliminar los productos desechados.

Mantenga una jarra de agua fresca en la refrigeradora todo el tiempo. El agua le quita la sed mejor que bebidas dulces. Haga agua la primera opción que ofrece a sus niños en comidas. Si su niño rechaza beber agua, agregue un poquito sabor mezclando ½ agua y ½ jugo de fruta pura en una taza. También usted puede congelar jugo en bandejas de cubitos de hielo y agregar los cubitos en vasos de agua refrescante.

6 Empieza con porciones pequeñas y no obligar a los niños a terminar.

Todos sabemos que niños debieran comer menos que adultos. Después de todo son más chicos. En los últimos 20 años, restaurantes y fabricantes de comidas han hecho las porciones más y más grandes. Por eso lo que pensamos la medida debe ser de una porción ha cambiado.

Haga un hábito de servir porciones chicas de pocas diferentes comidas en los platos de sus hijos. Si terminan la porción, siempre pueden pedir más o probar otra comida en su plato. A cada comida, trata incluir una porción de una fruta, una verdura, una proteína, un lácteo, y un grano integral.

Niños debieran aprender escuchar las señales de sus cuerpos. Su cuerpo le avisará cuando está lleno. Obligando sus niños a terminar todo su comida les enseña a comer demasiado. El hábito de comer demasiado puede anular su capacidad de parar comiendo cuando ya está lleno. Ruegue a sus niños a probar cada comida en sus platos en lugar de terminar todo. Ofreciendo porciones chicas de comida reduce desechos también.

La Regla de 10 Veces para Niños Pequeños

La Academia Americana de Pediátricos hizo un estudio de niños pequeños. El estudio concluyó que el niño pequeño medio necesitará a ver una comida nueva en su plato 10 veces antes de que comiera. Aquí hay algunas sugerencias para introducir comidas nuevas:

Siempre explica a su niño pequeño qué está comiendo. Al principio de cada comida, señala con su dedo a cada comida en su plato y dígale que es. Lo más frecuente que lo escuche lo más familiar será la comida.

Ofrezca comidas nuevas primero y también en los tiempos cuando su niño pequeño tiene más hambre. Cuando tienen hambre o al sentarse a comer, los niños pequeños frecuentemente comen sin considerar que están comiendo.

No se dé por vencido. Trate muy pequeñas porciones de comidas nuevas, para que pueda echar sin sentir culpable por desechar comida. Sea paciente, 10 veces puede parecer como mucho tiempo.

Anima a su niño a probarlo. . No lo obligue a comer pero pídele varias veces durante la comida a probar la comida nueva. Muéstrale como usted lo prueba también, - ¡hágalo divertido a probar comidas nuevas!

Convertir Los Delicados Con La Comida

"Samuel no come nada verde."

"Chantelle ha pasado días comiendo pasta y queso."

"Julia no prueba ninguna comida nueva."

"Antes Miguel comía zanahorias cada día, pero de repente dejó de comerlas."

¿Usted oye comentarios como estos? Usted no está solo.

Casi todos los niños pequeños son delicados con la comida. Es un parte normal de crecerse. Siendo delicado con comida tiene poco que hacer con el sabor de la comida; por la mayor parte es acerca de control. Niños pequeños aprenden temprano que el comer es algo que pueden controlar. Después de todo, la cuchara está en sus manos, la comida está en sus platos, y los ojos de usted están mirándoles. Cualquiera objeción que ellos hagan probablemente solicitará una respuesta suya. ¡Esto se haga divertido para su niño, pero no para usted!

No hay nada de mágico para evitar una pelea sobre la brócoli con su niño pequeño, pero hay maneras de tratar esta época terca. El desafío grande para los padres es no rendirse a las objeciones de su niño pequeño. No cae en la trampa de ofrecer comida con poco valor nutritivo sin sabor en lugar de comida sabrosa y saludable. Aquí hay algunos consejos:

Empiece desde el principio: Niños desarrollan hábitos que los hagan delicados. Hábitos son difíciles a romper. Será mejor si usted puede prevenir hábitos desde el principio. A la primera señal de comportamiento delicado, explícale a su niño que no es saludable ni aceptable.

Inclúyalos: Es más probable que niños comen algo que le ayudaron a preparar. Incluye a su niño en la preparación de la comida. También puede ir de compras con ellos y ensenarles como encontrar y elegir comidas. Deje su niño elegir algunas comidas también. No le pregunta "¿Quiere brócoli para la cena?" Al contrario, ofrece opciones como "¿Quiere brócoli o coliflor para la cena?" Opciones sencillas le permiten a su niño sentir en control.

Establezca metas: Sea realista estableciendo metas. No es realista pedir su niño comer una porción completa de comida que dice que no le gusta. Mejor empezar con metas pequeñas, - como un bocado de comida nueva – y progresar de allí.

Ofrezca opciones: Con muchas comidas puede preguntarle a su niño pequeño si le gustaría la comida cruda o cocida; caliente, fría, o helada; simple o con mantequilla, entera o cortada. Permitiéndole hacer decisiones usted le de control y lo haga comer la comida saludable.

Sea constante y firme. No se dé por vencido. Usa las mismas tácticas con cada comida. Ponga comidas nuevas en los platos de su niño primero. No se rinde a objeciones. Puede también tratar "Mire que mama (o papa) probará un bocado contigo."

Ofrezca Elogio: Felicite su niño, aún si come solamente un trocito. Para un delicado con la comida un trocito es algo grande.

Sea Paciente: No regañe a su niño o enojarse si no come cosas nuevas al principio. Algunos niños necesitan solamente un poco más tiempo para probar nuevas comidas. El comer debiera ser divertido.

Que Hacer y No Hacer Para Evitar Luchas Con la Comida

Es común que la comida se hace como una fuente de conflicto. Muchos padres negocian o sobornan para que sus niños coman comida saludable. Esta estrategia lleva niños a resistir, una característica en que muchos niños sobresalen desde una edad muy joven. Una propuesta diferente recibirá mejores resultados; dé niños algún control por decidir cuales comidas a comer. Por supuesto, como padre su trabajo es asegurar que las opciones en su casa son saludables.

Aquí hay 4 cosas de no hacer que puede ayudarle evitar luchas con la comida:

1. **No usar la comida como recompensa.** Evita ofreciendo postre como recompensa por comiendo su comida o ofreciéndole dulces por completar un tarea.

2. **No obligar a sus niños a comer nueva comida.** Mejor pídele probarla. Si resiste, dígale que está bien. Haciendo como sea nada importante le muestra a su niño pequeño que su desafío fue por algo no muy importante. La próxima vez posiblemente comiera porque no recibió ninguna reacción suya. Muchos niños necesitan ver nueva comida varias veces antes de que tengan el coraje a experimentar y probarla.

3. **No obligar a sus niños a comer toda su comida.** Recuerde, obligando niños pequeños a comer todo en su plato le muestra comer demasiado. Finalmente este hábito puede impedir su capacidad de parar comiendo cuando ya está lleno.

4. **No usar la comida como muestra de amor.** Cuando quiere mostrar su amor, dé su niño un abrazo, su tiempo, o alabanzas. Puede también compartir con él una actividad. Por ejemplo, colorear o jugar escondites juntos.

Sobre todo, no regaña a su niño o enojarse si no come nuevas cosas inmediatamente. Posiblemente necesita un poco más tiempo para probar nuevas comidas. La comida debiera ser divertida para toda la familia.

Haciendo lo Máximo del Día de su Niño

Desayuno: Comer un buen desayuno puede ayudar les mucho a sus niños. Los estudios indican que el desayunar reduce el riesgo de la obesidad y le ayuda pasar bien en la escuela. Le ayuda aprender más y comportarse mejor. En las mañanas ocupadas cuando está preparando para el trabajo y la escuela hay riesgo de no desayunar bien. No le permita eso. Aquí hay algunas sugerencias para un desayuno exitoso:

> Un desayuno saludable incluye proteína, granos integrales, frutas o verduras y calcio.
>
> Deje la televisión apagada y evite otras distracciones.
>
> Prepara comidas para desayuno con antelación y congélelas en porciones individuales. Descongelan rápidamente en el horno de microondas u horno de tostar.
>
> Tenga artículos disponibles para desayunos rápidos, como cajoncitos de cereales integrales, frutas frescas, yogurt en los tubos, barras de granola, etc. Usted puede agarrarlos a caso de que alguien no se despierta en tiempo.

Almuerzo: El secreto para un almuerzo magnífico para niños pequeños es ofrecerles suficientes opciones. Variedad es la clave a comer saludable. Es sencilla: "Porciones Chicas…Muchas Opciones." Ofrecer opciones es fácil y rápido. Muchas comidas para almorzar puede preparar por adelantado en cantidades grandes. Cada mañana, llene recipientes chicas con comidas diferentes. Sugerencias para almuerzos rápidos incluyen:

- Fruta seca
- Pedazos de fruta fresca o pedazos de fruta entera
- Puré de manzanas (elige las hechas sin azúcar en la etiqueta)
- Palitos de apio llenado con crema de queso o manteca de cacahuate espolvoreado con pasas
- Arvejas dulces, zanahorias, pepinos en rebanadas con aliño rancho.
- Yogurt o una licuada
- Carne de almuerzo untado con crema de queso y un espárragos y enrollado
- Huevo duro (pelado)
- Cubitos de queso o palitos de queso
- Manteca de maní (cacahuates) y manzanas cortadas o galletas saladas
- Salsa de frijoles o hummus con zanahorias y pancitas pita
- Galletas de granos integrales o pretzels

De bebidas, anima a su niño tomar leche o agua. Muchas escuelas han eliminado refrescos y jugos de sus cafeterías, pero no todas han hecho todavía.

Hablar con su niño acerca del almuerzo: Un almuerzo que no comió al fin del día no quiere decir que no le gustó. Puede ser que el niño estaba hablando demasiado y no masticando suficiente. Los periodos de almuerzo en la escuela frecuentemente son cortos. Anima su niño no tardar pero que llega a la cafetería rápido y concéntrese en comer.

Bocadillos inteligentes: Niños tienen hambre entre comidas; sus estómagos son mucho más pequeños que nuestros. ¡Por eso son los bocadillos! Está bien comer un bocadillo pero es importante elegir bocadillos buenos. Los bocadillos pueden dar energía al cuerpo entre las comidas. Bocadillos y comida con poco valor nutritivo no son igual. En lugar de almacenar su cocina con patatas fritas, galletas dulces, y refrescos, ofrezca a su niño uno de esas opciones:

- Fruta fresca
- Verduras cortadas y salsa
- Galletas de granos integrales
- Pastel de arroz
- Fruta seca, nueces, semillas, o un mezclado de esos
- Galletas dulces hecho con pura fruta o jugo de fruta
- Licuadas hecho de fruta fresca, yogurt, o sorbert
- Patatas del horno
- Hummus y pan de pita

Cena: Comidas hechas en casa son más saludables y cuestan menos que alimentos procesados o de restaurante. Pero, a veces, preparando la cena en casa parece una tarea pesada cuando está ocupada. Aquí hay unas sugerencias para aliviar la preocupación con la preparación de la cena:

Deje tiempo en fines de la semana para cocinar y congelar comidas. Relaciona con una amiga, dobla las recetas, y parte las comidas entre las dos familias

Prepara acompañamientos sencillos con alimentos que no tiene que cocinar como manzanas, peras, aguacates, o tomates. Sólo lave, corte y sirva.

Júntese con amigos y sirva una cena familiar en su casa una noche y en otra casa otra noche.

Planee su menú y haga una lista de compras. Estos dos etapas toman poco tiempo y ahorran tiempo en el largo plazo

Prepara extra para sobras. No es necesario decir pero comida extra haga buen almuerzo y bocadillo. Si vas hacer un plato favorito de la familia, doble la receta y congela una porción para cenar la próxima semana.

Términos de Cocinar

Las direcciones de cocinar de una receta definan las etapas para preparar la comida. Los mismos términos de cocinar aparecen en casi todas las recetas. Aquí hay los términos más comunes y sus definiciones.

Cocinar al horno:

Coser al horno: Cocinar con calefacción seca dentro del horno.

Asar a la parilla: Cocinar directamente abajo del fuego (dorar la parte arriba)

Engrasar: Poner una capa de mantequilla, manteca o espray de aceite para que la comida no se pegue a la cacerola

Precalentar: Prender el horno y permitir tiempo para calentar suficiente. Este es la primera etapa en recetas para comida horneada. El horno debe ser suficiente caliente para cocinar la comida en el tiempo calculado. Normalmente requiere alrededor de 10 – 15 minutos para precalentar el horno. Prenda su horno antes de juntar sus ingredientes.

Cocinar en la Estufa:

Hervir: Calentar en líquido arriba de la estufa con fuego alto hasta que hierva. Al comenzar de hervir puede ajustar el fuego para prevenir hirviendo pasando por arriba de la cacerola.

Dorar: Cocinar rápidamente arriba de la estufa. Ponga el fuego a medio alto o alto, ponga la comida en un sartén, y darle vuelta a la comida para que cada lado se haga marrón.

Saltear o freír: (también llamado frito a la olla) Cocinar con poca cantidad de aceite o manteca arriba de la estufa.

Cocer a fuego lento: Cocinar comida arriba de la estufa con el fuego muy bajo y la comida está agitada pero no hirviendo.

Cortar:

Cortar o picar: Cortar la comida (carne o verduras) en pedazos chicos, normalmente con un cuchillo grande y un tablero de cortar.

Cortar en dados: Cortar comida a cubitos – menos de ½ pulgada de tamaño.

Rallar o Tiras: Cortar en tiras con un rallador

Picar: Cortar la comida en pedacitos muy chiquitos.

Pelar: Quitar el piel de la fruta o verdura usando un cuchillo o un pelador de verduras

Cortar en rebanadas: Cortar la comida a pedazos finos.

Mezclar:

Batir: Darle vueltas muy rápido en un circulo para hacer una mezcla suave. Algunas recetas recomiendan usar un mezclador eléctrico para batir los ingredientes.

Combinar: Mezclar todos los ingredientes juntos

Puré: Hacer la comida suave y cremosa, normalmente en una licuadora o procesador de alimentos

Aplastar: Aplastar la comida a una textura suave

Mezclar: Darle vueltas, normalmente con una cuchara, para combinar los ingredientes

Batir: Mezclar los ingredientes de manera rápida y ligera normalmente con un batidor

Otras Palabras Comunes:

Enfriar: Hacer la comida frio, normalmente poniéndola en la refrigeradora

Enfriarse: Bajar la temperatura de la comida dejándola sobre la mesa a la temperatura ambiente

Tapar: Tapar con la tapa de la cazuela o un pedazo de aluminio, o plástico

Chorrito o Pizca o Pellizco: Una cantidad muy pequeña; menos de 1/8 cucharadita

Escurrir: Verter el liquido de la comida, frecuentemente usando un colador

Cda: Corto para cucharada grande

Cdta: Corto para cucharadita

RECETAS

Cocinar es divertido. Pero puede ser no muy claro si no ha pasado mucho tiempo en la cocina. ¡Este parte provee sugerencias e información para ayudarle ser cocinera exitosa!

Como Abordar Una Receta

Recetas son escritas en dos partes. Hay una lista de ingredientes y después hay una lista de direcciones. Seguir estos pasos fáciles:

1. Lea la receta completa antes de empezar.
2. Revise sus provisiones para asegurar que tenga todos los ingredientes.
3. Verifica que tenga todo el equipo para la receta.
4. Cuando esta lista para comenzar, saque todos los ingredientes y el equipo.
5. Sigue las instrucciones de la receta. Medía los ingredientes y sigue los tiempos de cocinar.

Las recetas en este folleto son diseñadas para niños pequeños y aptos para niños, pero toda la familia le gustarían. Son repletos con buen sabor y salud.

La Medida de Porciones: La información de porciones es una guía para apoyarle en hacer la comida. Será tiempos cuando su niño no comerá una porción entera y será otros tiempos cuando lo pide más. Las medidas de porciones enumeradas en cada receta incluyen ambos niños pequeños y adultos.

Lista de Recetas

Desayunos

Granola Mejor de Todo, 14
Bagel de Mango, 15
Licuada de Fresas y Plátanos (Bananas), 16
Burrito Desayuno, 17

Almuerzos

Kabobs de Piña, 18
Kabobs de Manzana, 18
Enrollados del Sol, 19
Enrollados con Carne de Almorzar, 20
Huevos Duros, 21
Ensalada de Huevos, 21
Huevos Rellenados, 22
Salsa de Frijoles Blancos y Queso, 23

Cenas

Macarrón con Jamón y Arvejas, 24
Quesadilla, 25
Stroganoff de Champiñones, 26
Cacerola de Atún, 27
Pizza Hecha en Casa, 28

Ensaladas

Ensalada de Naranjas y Aguacate, 29
Ensalada de Pepinos Cremosas, 30
Ensalada de Tomate Dulce, 31

Platos de Entradas

Cacerola de Arroz y Brócoli, 32
Rebanadas de Manzana con Canela, 33
Calabacín Escarchada, 34
Cacerola de Ejotes (Habichuelas Verdes), 35
Papas Rosadas, 36
Castillo de Couscous, 37
Zanahorias de Acer, 38

Caldos

Caldo de Frijoles Negros, 39
Caldo de Coliflor Cremoso , 40
Caldo de Verano Tropical, 41
Caldo de Espárrago Cremoso, 42

Postres

Pan de Plátano (Banana), 43
Crema de Bayas y Plátanos (Banana) , 44
Batido Anaranjado, 45
Polos Suaves y Cremosos, 46
Polos de Plátanos Helados, 47

DESAYUNOS

Granola Mejor de Todo

Avena no es solamente para hacer cereal caliente. Puede usarlo para hacer granola maravillosa.

Ingredientes:
4 tazas de avena anticuada
1 taza de Cheerios
½ taza de pacanas o almendras picadas
½ taza de azúcar moreno aplastado
½ cdta. de sal
½ c de canela
¼ taza de aceita de verdura
¼ taza de miel o jarabe de acer
1 cdta de vainilla
1 taza de pasas o bayas secas

Direcciones:
Ponga el horno a precalentar a 300 grados. En una olla honda mezcla la avena, Cheerios, pacanas, azúcar moreno, sal, y canela. En una cacerola chica, calienta el aceite y miel. Agregue y revuelve la vainilla. Cuidadosamente vierte el líquido a la mezcla de avena. Revuelve suavemente con una cuchara de palo hasta que la mezcla está cubierta uniformemente.

Unta la granola a una chapa grande para galletas (15 x 10 x 1 pulgada). Cueza dentro del horno 40 minutos, revolviendo cuidadosamente cada 10 minutos. Sáquela del horno y déjala enfriarse completamente. Agregue las pasas o baya secas y revuelve.

Se hace 14 – 16 porciones para niños pequeños o 6-8 porciones para adultos

Guárdela en recipientes herméticos a la temperatura ambiente para una semana o en la heladera para 3 meses.

Nutrition Facts
Serving Size 1/14 of recipe 59g (58 g)

Amount Per Serving

Calories 238   Calories from Fat 74

	% Daily Value*
Total Fat 8g	13%
Saturated Fat 1g	4%
Trans Fat 0g	
Cholesterol 0mg	0%
Sodium 101mg	4%
Total Carbohydrate 40g	13%
Dietary Fiber 3g	13%
Sugars 20g	
Protein 4g	

| Vitamin A | 1% • | Vitamin C | 1% |
| Calcium | 4% • | Iron | 12% |

*Percent Daily Values are based on a 2,000 calorie diet. Your daily values may be higher or lower depending on your calorie needs.

© www.NutritionData.com

Ideas para menú
Granola, Yogurt & ½ banana
Granola with milk, Glass of orange juice

Bagel de Mango

Mangos son un fuente buena de vitamina A y C. Tienen buen sabor también. Mangos tienen sabor como duraznos con un sabor jugoso indirecto de piña.

Ingredientes:
1 bagel cortada a la mitad
1 cda. de crema de queso
4-6 rebanadas de mango (como ½ mango)

Direcciones:
Tueste el bagel. Unte las partes del bagel con crema de queso y tápalo con rebanadas de mango. Para niños pequeños corte el bagel a cuatro pedazos. Sírvelo.

Se hace 2 porciones para niños pequeños o 1 porción para adulto

¿Nuevo a mangos? Aquí hay algunos consejos:

En el mercado:
Escoge mangos tocándolos y oliéndolos. Elige fruta llena y firme con piel liso. Debieran tener un olor fuerte como perfume.

Almacenamiento en casa:
Mangos que son demasiado duros madurarán sobre la mesa. Deben comer mangos cuando maduran. Puede refrigerar mangos madurados para 1-2 días.

Preparación:
El piel del mango no puede comer. El mango tiene un hueso que no se quite como los de duraznos o aguacates. Corta la pulpa de alrededor del hueso. Así: Agarra el mango con el tallo hacia arriba sobre una tabla de madera para cortar. Corta un lado gordo del mango aparte con un cuchillo afilado comenzando como ½ pulgada del centro del tallo. Haga lo mismo al otro lado. Si siente resistencia ha pegado el hueso. Sólo mueva el cuchillo un poco más al lado. Puede quitar un poco más pulpa cortando los lados del hueso (pero no demasiado porque el hueso es grande). Después pele el mango. Puede pelarlo con un cuchillo afilado o un pelador de verduras.

Nutrition Facts
Serving Size 1/2 of recipe 77g (77 g)

Amount Per Serving	
Calories 125	Calories from Fat 27
	% Daily Value*
Total Fat 3g	5%
Saturated Fat 2g	8%
Trans Fat 0g	
Cholesterol 8mg	3%
Sodium 152mg	6%
Total Carbohydrate 22g	7%
Dietary Fiber 1g	5%
Sugars 8g	
Protein 3g	
Vitamin A 8% • Vitamin C 20%	
Calcium 4% • Iron 10%	

*Percent Daily Values are based on a 2,000 calorie diet. Your daily values may be higher or lower depending on your calorie needs.

©www.NutritionData.com

DESAYUNOS

Licuada de Fresas y Plátano

Licuadas hacen un buen almuerzo refrescante de verano o un desayuno estupendo para comenzar el día de su niño pequeño. Están fáciles y rápidos de hacer y puede llevarlas cuando está de idas.

Ingredientes:
1 plátano (banana) maduro, pelado
2 fresas maduras (fresca o heladas)
½ taza jugo de fruta 100%, como jugo de manzana
¼ taza de yogurt sin sabor o con sabor vainilla
½ taza de cubitos de heilo

Direcciones:
Ponga todos los ingredientes en una licuadora. Mézclalos hasta que sea suave y cremosa. Viértelo a una taza con tapa. Ponga una pajita y sírvela inmediatamente.

Se hace 3-4 porciones para niño pequeño o 2 porciones para adulto

Fresa no es el sabor único que puede elegir para hacer una licuada sabrosa. Elige otras frutas – frescas, heladas o de lata. Todos son buenos. Aquí hay otras ideas:
- Arándano
- Papaya
- Durazno
- Pera
- Pina

Ideas para menú

Una licuada con una rebanada de pan de harina integral y manteca
Una licuada y un puñado de Cheerios

Nutrition Facts
Serving Size 1/3 of recipe 113g (113 g)

Amount Per Serving
Calories 71 — Calories from Fat 5

% Daily Value*
- Total Fat 1g — 1%
- Saturated Fat 0g — 1%
- Trans Fat
- Cholesterol 1mg — 0%
- Sodium 16mg — 1%
- Total Carbohydrate 16g — 5%
- Dietary Fiber 1g — 5%
- Sugars 11g
- Protein 2g

Vitamin A 1% • Vitamin C 18%
Calcium 4% • Iron 1%

*Percent Daily Values are based on a 2,000 calorie diet. Your daily values may be higher or lower depending on your calorie needs.

©www.NutritionData.com

Burrito Desayuno

Comience el día de su niño pequeño con un poco puñetazo tex-mex! ¡Un burrito desayuno se hace con tortilla de harina, huevos batidos, y un poco de chachachá! Añada un vaso de leche y es un buen comienzo del día.

Ingredientes:
1 tortilla de harina
1 huevo
½ cdta de agua
1 cda de maíz (helado, de lata, o fresco)
1 cdta de salsa
2 cdas de queso cheddar rallado

Direcciones:
Casca un huevo en un plato pequeño. Agrega agua. Usando un tenedor, bate el huevo hasta que esté bien mezclado. Ponga el maíz y dale vuelta. Caliente un sartén antiadherente sobre fuego mediano. Rocíe con aceite antiadherente o derrite un poco de manteca o mantequilla para hacer una capa fina en el sartén. Vierte la mezcla de huevos al sartén. Revuelve con una espátula de goma o una cuchara de palo hasta que los huevos están cocidos (alrededor de 2 minutos). Ponga el huevo en una hilera por la mitad de la tortilla de harina, espolvorea con queso y salsa. Doble los dos lados de la tortilla y arróllala. Sírvelo.

Se hace 2 porciones para niños pequeños o 1 porción para adulto

Nutrition Facts
Serving Size 1/2 of recipe 79g (79 g)

Amount Per Serving	
Calories 199	Calories from Fat 98
	% Daily Value*
Total Fat 11g	17%
Saturated Fat 6g	32%
Trans Fat 0g	
Cholesterol 29mg	10%
Sodium 358mg	15%
Total Carbohydrate 14g	5%
Dietary Fiber 1g	4%
Sugars 1g	
Protein 11g	
Vitamin A 6%	Vitamin C 1%
Calcium 23%	Iron 6%

*Percent Daily Values are based on a 2,000 calorie diet. Your daily values may be higher or lower depending on your calorie needs.

©www.NutritionData.com

ALMUERZOS

Kabobs de Piña

Ingredientes:
4 trozos de piña (pedazos de ½ pulgada)
4 cubos de queso Colby Jack (pedazos de ½ pulgada)
2 pedazos de jamón Deli, cortado en cuadras de 1 pulgada o 4 cubos de filetes de jamón (pedazos de 1 pulgada)
Palillos

Direcciones:
Ensambla kabobs mini en un palillo en la orden siguiente: una cuadra de jamón, una troza de piña, y un cubo de queso.

Se hace 1 porción para niño pequeño

Kabobs de Manzana

Ingredientes:
4 trozos de manzana (pedazos de ½ pulgada)
4 cubos de queso Monterey Jack (pedazos de ½ pulgada)
2 rebanadas de pavo Deli cortado en cuadras de 1 pulgada
Palillos

Direcciones:
Ensambla kabobs mini en un palillo en la orden siguiente: una cuadra de pavo, una troza de manzana, y un cubo de queso.

Se hace 1 porción para niño pequeño

Aviso:
Palillos pueden ser peligrosos para niños pequeños. Por favor vigilar a niños pequeños menos de 3 años mientras que comen.

Nutrition Facts
Serving Size 1/3 of recipe 113g (113 g)

Amount Per Serving	
Calories 71	Calories from Fat 5
	% Daily Value*
Total Fat 1g	1%
Saturated Fat 0g	1%
Trans Fat	
Cholesterol 1mg	0%
Sodium 16mg	1%
Total Carbohydrate 16g	5%
Dietary Fiber 1g	5%
Sugars 11g	
Protein 2g	
Vitamin A 1% • Vitamin C	18%
Calcium 4% • Iron	1%

*Percent Daily Values are based on a 2,000 calorie diet. Your daily values may be higher or lower depending on your calorie needs.

©www.NutritionData.com

Enrollados del Sol

Si su niño puede comer manteca de cacahuate, es una buena fuente de proteína y ¡tiene buen sabor también! Revueltas del Alegría están deliciosas y saludables – ¡pruébalas!

Ingredientes:
2 cdas. de manteca de cacahuate
1 cda. de manzana, rallada
1 cda. de zanahoria rallada
8-10 pasas
1 tortilla de harina o harina integral

Direcciones:
Unte la manteca de cacahuate sobre la tortilla. Espolvorea la mitad con manzanas, zanahoria, y pasas. Empezando al lado con la manzana, enrolla la tortilla. La manteca de cacahuate sirve como pegadura para cerrar el enrollado. Sirvelo.

Se hace 1-2 porciones para niños pequeños

Puede rellenar Enrollados del Sol con muchos sabores. En lugar de manzanas, zanahorias y pasas, prueba cualquiera de estas comidas:

- Coco rallado
- Dátiles picados
- Arándanos agrios secos
- Rebanadas de plátano
- Rebanadas de pavo
- Apio picado
- Dulce de consistencia blanda mini
- **Trocitos de tocino**

Aviso:
Alrededor de un niño entre 80 tiene alergia a cacahuates. Para los niños con alergia puede sustituir manteca de girasol para manteca de cacahuates. Puede conseguir manteca de girasol en las tiendas de comida natural.

Nutrition Facts
Serving Size Entire Recipe 134g (134 g)

Amount Per Serving

Calories 427 — Calories from Fat 168

	% Daily Value*
Total Fat 20g	31%
Saturated Fat 4g	21%
Trans Fat 0g	
Cholesterol 0mg	0%
Sodium 457mg	19%
Total Carbohydrate 55g	18%
Dietary Fiber 6g	23%
Sugars 6g	
Protein 13g	
Vitamin A 47% • Vitamin C	5%
Calcium 9% • Iron	16%

*Percent Daily Values are based on a 2,000 calorie diet. Your daily values may be higher or lower depending on your calorie needs.

©www.NutritionData.com

ALMUERZOS

Enrollados con Carne de Almorzar

Estos sándwiches de almorzar sencillos y rápidos están fáciles para dedos pequeños a manejar y están saludables y divertidos a comer. ¡Estupendo para almuerzos empaquetados!

Ingredientes:
1 rebanada de jamón, pavo, o biftec, cortada al tamaño del pan
1 cda. de crema de queso
1 ejote, lanza de espárrago, o un palo de apio crudo
1 rebanada de pan integral, la corteza quitada

Direcciones:
Unte crema de queso uniformemente sobre el pan. Guarde ½ cucharadita más o menos para luego. Pone capas de carne uniformemente sobre el pan meno una franja de ½ pulgada de un lado del pan. Unte lo de más de la crema de queso a esta franja, esta será la pegadura para cerrar el borde del enrollado. Ponga las verduras a lo largo del pan y enróllalo de un lado al otro. Sírvelo.

Se hace 1 porción para niño pequeño

Nutrition Facts
Serving Size Entire Recipe 84g (84 g)

Amount Per Serving

Calories 169 — Calories from Fat 74

% Daily Value*

Total Fat 8g	13%
Saturated Fat 4g	19%
Trans Fat 0g	
Cholesterol 32mg	11%
Sodium 545mg	23%
Total Carbohydrate 14g	5%
Dietary Fiber 3g	11%
Sugars 2g	
Protein 9g	

Vitamin A	6%	Vitamin C	6%
Calcium	6%	Iron	6%

*Percent Daily Values are based on a 2,000 calorie diet. Your daily values may be higher or lower depending on your calorie needs.

©www.NutritionData.com

Huevos Duros

Si puede hervir agua, puede cocinar huevos duros.

Direcciones:
Ponga 8 huevos en una olla grande. Agrega suficiente agua fría para cubrir los huevos. Ponga la olla sobre fuego alto hasta que el agua empieza hervir. Al hervir el agua, tapa la olla y apaga el fuego. Deje los huevos quietos para 15 minutos. Después escurre el agua caliente y rellena la olla con agua helado. Permita los huevos enfriarse (como 20 minutos). Con un marcador o lápiz, ponga la fecha en cada cascara de huevo y póngalos en la refrigeradora. Huevos duros debieran estar consumidos dentro de una semana.

Puede simplemente pelar y comer el huevo duro o tratar de preparar ensalada de huevos o huevos rellenados.

Ensalada de Huevos

Ingredientes:
2 huevos duros, pelados
1 cda. de mayonesa
Sal y pimienta, al gusto

Direcciones:
Pica los huevos y póngalos en un cuenco de mezclar. Mezcla con la mayonesa hasta humedecido. Unte en galletas saladas o haga un sándwich.

Se hace 4 porciones para niños pequeños o 1-2 porciones para adultos

Nutrition Facts
Serving Size 1/4 of recipe 29g (28 g)

Amount Per Serving	
Calories 65	Calories from Fat 50
	% Daily Value*
Total Fat 6g	9%
Saturated Fat 1g	6%
Trans Fat	
Cholesterol 106mg	35%
Sodium 49mg	2%
Total Carbohydrate 0g	0%
Dietary Fiber 0g	0%
Sugars 0g	
Protein 3g	
Vitamin A 3% • Vitamin C	0%
Calcium 1% • Iron	2%

*Percent Daily Values are based on a 2,000 calorie diet. Your daily values may be higher or lower depending on your calorie needs.

© www.NutritionData.com

ALMUERZOS

Huevos Rellenados

Ingredientes:
4 huevos duros
2 cdas. de mayonesa
1 cda. de leche

Direcciones:
Pele los huevos y córtalos a lo largo. Saque las yemas y póngalas en un cuenco de mezclar. Reserva las claras de los huevos cortados para rellenar. Aplaste las yemas con mayonesa y leche. Mezcla con uno de los sabores siguientes:
- 1 cda de crema de queso suave de sabor ajo y hierbas
- 1 cdta de chiles verdes
- 1 cdta de tocino troceado
- 1 cda de manzana rallada
- 1 cda de espinaca picada

Con una cucharadita, rellene cada parte de la clara del huevo con la mezcla. Póngalos en un plato y sírvelos.

Se hace 8 porciones para niños pequeños o 3-4 porciones para adultos

Nutrition Facts
Serving Size 1/8 of recipe 30g (30 g)

Amount Per Serving
Calories 66 — Calories from Fat 50

	% Daily Value*
Total Fat 6g	9%
Saturated Fat 1g	6%
Trans Fat	
Cholesterol 106mg	35%
Sodium 49mg	2%
Total Carbohydrate 0g	0%
Dietary Fiber 0g	0%
Sugars 0g	
Protein 3g	

Vitamin A	3%	•	Vitamin C	0%
Calcium	1%	•	Iron	2%

*Percent Daily Values are based on a 2,000 calorie diet. Your daily values may be higher or lower depending on your calorie needs.

© www.NutritionData.com

Salsa de Frijoles Blancos y Queso

Frijoles son una de las plantas más viejas conocido al hombre y una fuente excelente de proteína. Salsa con crema agria no tiene mucho nutrición, ¿entones por qué no pruebas salsa de frijoles blancos? ¡Puede ser una merienda o una comida completa y toda la familia le gustará!

Ingredientes:
1 lata (15 oz.) de frijoles blancos, escurridos y lavados
1/3 taza de caldo claro de pollo bajo en sodio
1 clavo de ajo, picado
½ cdta de comino
1 taza de queso cheddar rallado

Direcciones:
Precalentar el horno a 375 grados. Combina los frijoles, caldo claro de pollo, ajo, y comino en una licuadora. Bate hasta suave. Agregue ¾ taza del queso rallado y mezcla hasta combinado. Ponga la mezcla en una cacerola de horno. Espolvoree lo de más del queso por arriba. Cuece en el horno para 15 minutos.

Sírvelos con pitas fritas, galletas saladas, tortillas fritas, o verduras frescas (zanahorias, ejotes (habichuelas), coliflor)

Se hace 8-12 porciones para niños pequeños o 4 porciones para adultos

Idea de Menú:
Unte sobre pan tostada de harina integral y sírvelos con puré de manzana

Nutrition Facts
Serving Size 1/8 of recipe 92g (92 g)

Amount Per Serving

Calories 144   Calories from Fat 50

% Daily Value*

Total Fat 6g	9%
Saturated Fat 4g	18%
Trans Fat	
Cholesterol 17mg	6%
Sodium 109mg	5%
Total Carbohydrate 14g	5%
Dietary Fiber 3g	13%
Sugars 0g	
Protein 9g	

Vitamin A	3%	Vitamin C	0%
Calcium	17%	Iron	12%

*Percent Daily Values are based on a 2,000 calorie diet. Your daily values may be higher or lower depending on your calorie needs.

©www.NutritionData.com

CENAS

Macarrón con Jamón y Arvejas

Al comer macarrón y queso hecha en casa usted nunca comprará una caja preparada otra vez. Por agregar arvejas y jamón, ¡esta es una comida completa en un plato!

Ingredientes:
- Salsa de Queso Clásico (receta abajo)
- ½ taza de arvejas congeladas
- ½ taza de jamón troceado
- 3 tazas de macarrón seco

Direcciones:
Haga la salsa clásica de queso (receta abajo). Prepara las arvejas y el macarrón según las direcciones del paquete. Escurre el macarrón y las arvejas en un colador y lávalos con agua. Devuelve a la cazuela el macarrón y arvejas. Sobre fuego lento agregue el jamón y salsa de queso. Revuelve cuidadosamente para cubrir el macarrón con la salsa. Sírvelo caliente.

Makes 8-10 toddler servings and 4 adult servings

Salsa Clásica de Queso

Ingredientes:
- 2 cdas de manteca o mantequilla
- 2 cdas de harina
- 1½ tazas de leche
- 1½ tazas de queso cheddar
- Sal y pimienta al gusto

Direcciones:
En una cacerola derrite la manteca sobre fuego mediano. Agregue la harina y sofríala por 2 minutos. Dándole vueltas y lentamente vierte la leche a la cacerola. Agregue el queso. Darle vueltas sin parar hasta que todo está derretido. Agregue sal y pimienta al gusto.

Esta salsa clásica esta bueno también sobre verduras al vapor: coliflor, brócoli, o espárragos.

Quesadilla

Ingredientes:
2 cdas de frijoles negros de lata (lavados y escurridos)
1 cda de almendras de maíz
¼ taza de queso rallado (Colby, cheddar, Jack o una mezcla)
2 tortillas de harina de 8-10 pulgadas
2 cdtas de aceita de verdura

Direcciones:
Espolvorea queso, frijoles, maíz, y tomates sobre una tortilla de harina. Deje ½ pulgada vacio por todo el borde de la tortilla. Pone la otra tortilla arriba de la mezcla, haciendo un sándwich. Roce la tortilla ligeramente con aceite. Ponga el sándwich de tortilla con el lado de aceite hacia abajo en un sartén antiadherente sobre fuego mediano. Roce la parte arriba de la tortilla con aceite. Con una espátula, voltea la tortilla cuando tiene color café (como unos 2 minutos). Dora el otro lado (unos 2 minutos). Saque del sartén y córtala en pedazos como una torta.

Se hace 2 porciones para niños pequeños o 1 porción para adulto

Otros rellenos:
Puede hacer quesadillas con muchas comidas. Es una buena manera de utilizar las sobras. Aquí hay algunas ideas:

- Carne para tacos, tomates picadas, queso cheddar
- Pollo asado, frijoles refritos, queso Jack
- Calabacín asada, tomates picadas, queso mozzarella
- Cubitos de jamón Deli, tomates cortados en dados, queso swiss
- Tocino desmigajado, tomates cortados en dados, queso americano

Un secreto de hacer por adelantado: Puede hace una cantidad de quesadillas y congelarlas. Después de cocinarlas, córtalas a la mitad. Envuélvelas individualmente en plástico y congélelas hasta el máximo de 6 meses. Recaliéntelas en una tostadora o el horno.

Nutrition Facts
Serving Size 1/2 of recipe 88g (88 g)

Amount Per Serving

Calories 268 — Calories from Fat 120

% Daily Value*

Total Fat 14g	21%
Saturated Fat 5g	23%
Trans Fat 0g	
Cholesterol 16mg	5%
Sodium 446mg	19%
Total Carbohydrate 28g	9%
Dietary Fiber 3g	10%
Sugars 1g	
Protein 9g	

Vitamin A	4% •	Vitamin C	1%
Calcium	18% •	Iron	11%

*Percent Daily Values are based on a 2,000 calorie diet. Your daily values may be higher or lower depending on your calorie needs.

©www.NutritionData.com

CENAS

CENAS

Stroganoff de Champiñones

Este es una comida perfecta para un día fría de otoño o invierno. En lugar de champiñones rebanadas nosotros recomendamos picadas. Pedazos pequeños no solamente son más fáciles de manejar con un tenedor o una cuchara pero parecen menos "sospechosos" a los ojos de un niño pequeño. ¡Que aproveche!

Ingredientes:
2 cdas de manteca o mantequilla
1 libra de champiñones blancas frescas, picadas
½ taza de caldo de biftec o verduras
½ cdta de eneldo seco
1 taza de crema agria
Sal y pimienta al gusto
Arroz cocido o pasta cocida

Direcciones:
Derrite la manteca en un sartén grande encima de fuego medio alto. Agregue los champiñones cortados y darle vuelta sin parar (constantemente) unos 5 minutos. Ponga el fuego lento y agregue el caldo de biftec o verduras y el eneldo. Continúe cocinar unos 4 minutos más. Agregue la crema agria. Darle vueltas poco a poco hasta completamente caliente pero no le permite hervir. Sirve arriba de arroz cocido o pasta cocida.

Se hace 8 – 10 porciones para niños pequeños o 4 porciones para adultos

Idea de Menú

Make it a one-dish meal:
Agregue ¾ libras de carne de res molido. En un sartén grande dora la carne de res molida y agréguelo antes de agregar la crema agria.

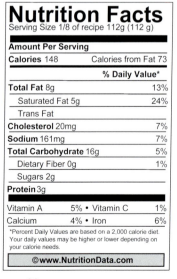

Cacerola de Atún

Esta es una comida favorita de comodidad y una comida fantástica para el tiempo frío toda en una cacerola.

Ingredientes:
1 cebolla amarilla, picada
2 cdas de manteca o mantequilla
½ taza de champiñones rebanados
½ taza de arvejas verdes congeladas
1 lata de caldo de apio cremoso
¾ taza de leche
1 lata de 5 onzas de atún en agua, escurrida
3 a 4 tazas de fideo al huevo
¼ taza pan rallado

Direcciones: Precaliente el horno a 350 grados. Prepare fideo al huevo según las direcciones en el paquete y escúrrelo en un colador. En un sartén grande, derrite la manteca sobre fuego medio. Agregue la cebolla y fríala hasta blanda (unos 4 minutos) y entonces agregue los champiñones y arvejas. Cuece un minuto más y baja el fuego a lento. Mezcla el caldo, leche y atún en un bol aparte y agréguelo al sartén. Darle vuelta hasta mezclado. Combine el fideo al huevo y todo del sartén en una cacerola para el horno. Espolvorea con pan rallado. Cocine al horno por 25-30 minutos. Deje quieto por 10-15 minutos antes de servir.

Se hace 8 – 10 porciones para niños pequeños o 4 porciones para adultos

CENAS

Pizza Hecha en Casa

Muchos de nosotros crecimos creyendo que la pizza es una comida de poco valor nutritivo, pero no es la verdad. Niños pequeños les ama pizza. Para hacerla saludable aquí hay una receta que utiliza queso de leche descremada e ingredientes saludables.

Ingredientes:
1 lata de masa de pizza lista de cocinar de Pillsbury (o similar)
1 taza de salsa para espagueti
1 taza de queso descremada de mozzarella
Ingredientes de la lista abajo

Direcciones:
Precalentar el horno a 350 grados. Abre la masa y póngala uniformemente sobre el fondo de una cacerola de 13 x 9 x 2 que ha rociado con aceite. Unta la salsa de espagueti uniformemente sobre la masa. Deje ½ pulgada de los lados para la "corteza". Pone el queso arriba de la salsa. Agregue ingredientes y cocine sobre la percha más alta en el horno por 12 – 16 minutos. Déjela quieta 3 minutos antes de cortar y servir.

Ideas de Ingredientes:
- De Hawái: Jamón, pina, y cebolla
- Barbacoa: Pone salsa de barbacoa en lugar de salsa de espagueti, y agregue pollo asado picado, zanahorias ralladas, cilantro picado, y tomates cortado en dados
- Verdura: espinaca, champiñones rebanada, y pimienta roja picada o rebanada delgada
- Mediterráneo: tomates seca al sol, ajo picado, espinaca, pollo cocido rallado o cortado en dados
- Italiano: carne de res molida magra, champiñones rebanadas, y tomates cortado en dados

Se hace 8-10 porciones para niños pequeños o 4 porciones para adultos

Nutrition Facts	
Serving Size 1/8 of recipe 110g (109g)	
Amount Per Serving	
Calories 259	Calories from Fat 108
	% Daily Value*
Total Fat 12g	19%
Saturated Fat 5g	24%
Trans Fat 0g	
Cholesterol 19mg	6%
Sodium 802mg	33%
Total Carbohydrate 27g	9%
Dietary Fiber 1g	5%
Sugars 7g	
Protein 11g	
Vitamin A 8% • Vitamin C 1%	
Calcium 25% • Iron 8%	
*Percent Daily Values are based on a 2,000 calorie diet. Your daily values may be higher or lower depending on your calorie needs.	
©www.NutritionData.com	

Ensalada de Aguacate y Naranjas

Aquí hay una ensalada sencilla y fresca que le gusta toda la gente. Aliño hecha en casa es rápido de hacer y tiene un sabor mucho mejor que el comprada. ¡Pruébalo!

Ingredientes:

Ensalada:
1 aguacate, cortado en dados
1 lata chica (5 onzas) de naranjas mandarinas, escurrida
7-8 tomates cerezas cortados en cuartos

Aliño de Lima y Miel:
2 cdas de jugo de lima
1 cda de vinagre de arroz
1 cda de miel
½ taza de aceite de aceituna
Sal y pimienta molida fresca, al gusto

Direcciones:
Prepara el aliño: En un bol, bate todos los ingredientes juntos o ponga todos los ingredientes en un tazón, tápalo y agítelo con vigor. En una ensaladera mezcla los tomates y las naranjas con suficiente aliño a cubrir. Agregue los aguacates y mezcla poco a poco. Sírvela.

Se hace 4 – 6 porciones para niños pequeños o 2-3 porciones para adultos

Idea de menú:

Sírvela con arroz integral y pollo asado

Nutrition Facts
Serving Size 1/4 of recipe 152g (151 g)

Amount Per Serving	
Calories 238	Calories from Fat 182
	% Daily Value*
Total Fat 21g	32%
Saturated Fat 3g	15%
Trans Fat 0g	
Cholesterol 0mg	0%
Sodium 8mg	0%
Total Carbohydrate 14g	5%
Dietary Fiber 4g	17%
Sugars 9g	
Protein 2g	
Vitamin A 17% • Vitamin C 40%	
Calcium 2% • Iron 3%	

*Percent Daily Values are based on a 2,000 calorie diet. Your daily values may be higher or lower depending on your calorie needs.

©www.NutritionData.com

ENSALADAS

ENSALADAS

Ensalada de "Pepis" Cremosos

Ingredientes:
2 pepinos medianos, pelados
½ taza de crema agria
2 cdtas de vinagre de sidra de manzana
2 cdtas de azúcar
1 cdta de eneldo fresco, picado (opcional) o ¼ cucharadita de eneldo seco
Sal y pimiento al gusto

Direcciones:
Corta los pepinos a la mitad a lo largo. Con una cuchara, raya y saque las semillas. Corta los pepinos en rebanadas alrededor de ¼ pulgada ancho. En una ensaladera mediana, combina crema agria, vinagre, azúcar y eneldo. Mezcla todo junto con una cuchara hasta suave. Agregue los pepinos y remover poco a poco para cubrir los pedazos con aliño. Pone a enfriar en la refrigeradora hasta listo para servir.

Para un poco de dulce puede agregar ½ taza de mangos cortados, sandilla, o melón. ¡Deliciosa!

Se hace 8-10 porciones para niños pequeños o 4 porciones para adultos

Idea para el menú:
Sírvela con pescado asado a la parilla y fideos con manteca

Nutrition Facts
Serving Size 1/8 of recipe 67g (67 g)

Amount Per Serving

Calories 38	Calories from Fat 26
	% Daily Value*
Total Fat 3g	4%
Saturated Fat 2g	8%
Trans Fat 0g	
Cholesterol 7mg	2%
Sodium 13mg	1%
Total Carbohydrate 3g	1%
Dietary Fiber 0g	1%
Sugars 2g	
Protein 1g	
Vitamin A 3% • Vitamin C	3%
Calcium 3% • Iron	1%

*Percent Daily Values are based on a 2,000 calorie diet. Your daily values may be higher or lower depending on your calorie needs.

© www.NutritionData.com

Ensalada de Tomates Dulces

Normalmente los tomates no son una comida favorita de niños pequeños. Aquí hay una ensalada maravillosa de verano con un poquito de dulce del beso del sol que posiblemente ganaría el gusto de aún un niño pequeño delicado. Para hacer tomates al gusto para niños pequeños saque las semillas. Este elimina la textura escurridiza. Pero, si su niño está bien con las semillas, déjelas porque contienen muchos nutrientes.

Ingredientes:
1 taza de tomates frescos, sin semillas (opcional) y cortada en dados
1 taza de melón, sin semillas y cortado en dados

Aliño:
¼ taza de aceite de aceituna, o de verdura
1 cda de jugo de limón o lima
1 cda de azúcar moreno
Una pizca de sal

Direcciones:
Ponga los tomates y melón en una ensaladera. En un cuenco aparte bate los ingredientes para el aliño. A punto de servir, vierte el aliño arriba de los tomates y melones y remueva para cubrir con el aliño.

Se hace 4 porciones para niños pequeños

Idea para el menú
Sírvela con cualquier caldo y pan caliente

Nutrition Facts
Serving Size 1/4 of recipe 114g (114 g)

Amount Per Serving	
Calories 155	Calories from Fat 121
	% Daily Value*
Total Fat 14g	21%
Saturated Fat 2g	9%
Trans Fat 0g	
Cholesterol 0mg	0%
Sodium 4855mg	202%
Total Carbohydrate 9g	3%
Dietary Fiber 1g	3%
Sugars 8g	
Protein 1g	

Vitamin A	36%	•	Vitamin C	37%
Calcium	1%	•	Iron	2%

*Percent Daily Values are based on a 2,000 calorie diet. Your daily values may be higher or lower depending on your calorie needs.

© www.NutritionData.com

PLATOS DE ENTRADAS

Cacerola de Arroz y Brócoli

Muchos niños pequeños conocen el brócoli como "arboles". Sencillamente preparado al vapor es una botana perfecta.

Ingredientes:
1 paquete (12 onzas) de brócoli congelado
¾ taza de caldo claro de verdura o pollo
½ taza de leche
1 cda de jugo de limón
1 cda de aceite de aceituna
1 cdta de sal
2-3 tazas de arroz cocido blanco o integral
½ taza de queso rallado cheddar

Direcciones:
Precalentar el horno a 350 grados. Prepara el brócoli según las direcciones en el paquete. Pone el brócoli cocido, el caldo, aceite, y jugo de limón en una licuadora y mézclalo hasta suave. Ponga el arroz, leche y queso en una cacerola de horno. Vierte la mezcla de brócoli encima del arroz y queso. Remueve la mezcla poco a poco para mezclar todos los ingredientes. Mete en el horno por 15 minutos o hasta calentado completamente y el queso ha fundido.

Se hace 8-10 porciones para niños pequeños o 4 porciones para adultos

Hágalo una comida completa en un plato
Agrega 1½ tazas de pollo cocido cortado en dados. Agregue el pollo a la receta al punto de poner el arroz y queso en la cacerola.

Idea para el menú
Sírvela con hamburguesas y bollos de harina integral

Rebanadas de Manzanas con Canela

Ingredientes:
2 Manzanas Golden
Pizca de canela

Direcciones:
Lave, pele, y saque el corazón de las manzanas. Corta las manzanas a rebanadas de ¼ pulgada gruesa. Ponga las rebanadas de manzana en una bolsita plástica y espolvorea con una pizca de canela. Cierre la bolsa y agítela para que distribuya la canela uniformemente por todas las rebanadas. Ponga las rebanadas en un plato hecha para microondas y cóselas en el microonda a temperatura alta por 3 minutos. Déjelas quietos por 5 minutos. Están listas si puede meter un tenedor fácilmente. Déjelas enfriarse completamente antes de servirlas.

Se hace 4 porciones para niños pequeños o 2 porciones para adultos

Menu idea
Sírvelas con chuletas de puerco cocido al horno, ejotes (habichuelas) al vapor y relleno hecho en la estufa.

Nutrition Facts
Serving Size 1/4 of recipe 93g (93 g)

Amount Per Serving

Calories 70 — Calories from Fat 2

	% Daily Value*
Total Fat 0g	0%
Saturated Fat 0g	0%
Trans Fat 0g	
Cholesterol 0mg	0%
Sodium 1mg	0%
Total Carbohydrate 20g	7%
Dietary Fiber 8g	31%
Sugars 8g	
Protein 1g	
Vitamin A 1% • Vitamin C	6%
Calcium 13% • Iron	6%

*Percent Daily Values are based on a 2,000 calorie diet. Your daily values may be higher or lower depending on your calorie needs.

© www.NutritionData.com

PLATOS DE ENTRADAS

PLATOS DE ENTRADAS

Calabacín Escarchada

El nombre divertido de esta receta sea posiblemente suficiente para convencer a sus niños a probar este plato delicioso de verduras. Este es también una receta estupenda para incluir a sus niños con la preparación de la comida. Niños más grandes pueden glasear el calabacín y los más jóvenes pueden pasarlo por el pan rallado.

Ingredientes:
2 calabacines medianos (más o menos de 8-9 pulgadas de largo)
¼ taza de mayonesa
2 cdas de cebollas verdes, picadas
1 cdta de jugo de limón
2 cdas de queso parmesano
1/8 cdta de polvo de ajo
¼ taza de pan rallado

Direcciones:
Corta el calabacín a la mitad de largo. Cocine al vapor en el microondas hasta el punto de ser tierno (más o menos 3-4 minutes – pruébalo con un tenedor). Escúrrelo y déjelo enfriarse. Mezcla los demás ingredientes, menos el pan rallado. Escarcha un lado de cada rebanada de calabacín con la mezcla de mayonesa. Mete los lados glaseados en el pan rallado y póngalos en una chapa de cocinar forrada con papel de aluminio. Ásalos a la parrilla hasta dorados (más o menos 2 minutos). Sírvelos caliente.

Se hace 6-8 porciones para niños pequeños o 3 porciones para adultos.

Idea para el menú
Sírvelos con espagueti de harina integral y una salsa hecha con salsa de espagueti y albóndigas o carne magra picada cocida.

Nutrition Facts
Serving Size 1/6 of recipe 84g (84 g)

Amount Per Serving

Calories 105	Calories from Fat 76
	% Daily Value*
Total Fat 9g	13%
Saturated Fat 1g	7%
Trans Fat 0g	
Cholesterol 1mg	0%
Sodium 113mg	5%
Total Carbohydrate 6g	2%
Dietary Fiber 1g	4%
Sugars 2g	
Protein 2g	
Vitamin A 4% • Vitamin C	21%
Calcium 4% • Iron	3%

*Percent Daily Values are based on a 2,000 calorie diet. Your daily values may be higher or lower depending on your calorie needs.

©www.NutritionData.com

Cacerola de Ejotes (Habichuelas)

Esta cacerola es una variación fácil y rápida de una receta clásica y popular para las fiestas. Es un gusto de multitudes, especialmente los niños. Congela las sobras en porciones individuales y así siempre tendrá una verdura disponible para las jornadas laborales o cuando tiene planes de salir.

Ingredientes:
1 paquete (16 onzas) de ejotes congeladas, descongeladas
1 lata de caldo de champiñones cremosos
½ taza de leche
2 cucharadas de cebolla, picada
½ taza de queso cheddar, rallado
4 pedazos de tocino

Direcciones:
Precaliente el horno a 375 grados. Ponga los ejotes y cebolla en una cacerola. Mezcla el caldo y leche en un cuenco. Vierte la mezcla de caldo de champiñones encima de los ejotes y remueve poco a poco. Espolvorea uniformemente con queso encima de la mezcla. Mete al horno por 35 minutos. Corta el tocino en cuadras chicas y póngalo en un sartén antiadherente sobre fuego medio. Fría los pedazos de tocino dándoles vueltas poco a poco hasta que tostados (unos 4 minutos). Saque el tocino del sartén y póngalo encima de una toalla de papel para que absorba la grasa.

Déjela quieto la cacerola unas 5-10 minutos y espolvorea con los trocitos de tocino antes de servirla.

Se hace 8-10 porciones para niños pequeños o 4 porciones para adultos
Idea Para el Menú
Sírvela con filetes de jamón cocido al horno o asado a la parilla y puré de papas.

Nutrition Facts
Serving Size 1/8 of recipe 163g (163 g)

Amount Per Serving	
Calories 164	Calories from Fat 91
	% Daily Value*
Total Fat 10g	16%
Saturated Fat 4g	19%
Trans Fat	
Cholesterol 20mg	7%
Sodium 482mg	20%
Total Carbohydrate 10g	3%
Dietary Fiber 2g	8%
Sugars 4g	
Protein 8g	
Vitamin A 9% • Vitamin C	17%
Calcium 9% • Iron	8%

*Percent Daily Values are based on a 2,000 calorie diet. Your daily values may be higher or lower depending on your calorie needs.

©www.NutritionData.com

PLATOS DE ENTRADAS

Papas Rosadas

Estas papas no sea exactamente rosada, pero más o menos la tonalidad encantadora de durazno. La incorporación de batatas le dé el color, un sabor estupendo, y mucha vitamina A. Sus niños no van a querer más las papas blancas ordinarias.

Ingredientes:
3 papas blancas medianas
1 batata mediana
5 clavos de ajo, pelado
1 lata (14 onzas) de caldo claro de pollo
4 cdas de manteca o mantequilla
Sal y pimienta al gusto

Direcciones:
Lave, pele y corte las papas a cuadras de 2 pulgadas. Ponga las papas y los clavos de ajo en una cacerola con el caldo de pollo. Agregue suficiente agua para cubrir las papas. Ponga la cacerola sobre fuego alto y caliéntela hasta que hierve. Hiérvela por 10-12 minutos, hasta que pueda meter fácilmente un tenedor en las papas. Escurre las papas, guardando ¾ tazas del liquido cocido. Puré las papas con un majador hasta que tienen un color uniforme. Agregue la manteca o mantequilla y revuelve. Agregue el liquido guardado ¼ taza a la vez hasta que las papas tengan la textura batida y cremosa. Agregue sal y pimienta al gusto.

Se hace 10-12 porciones para niños pequeños o 4 porciones para adultos

Idea para el menú
Sírvelas con pollo cocido al horno y salsa hecha con el jugo de la carne y brócoli al vapor

Nutrition Facts
Serving Size 1/10 of recipe 123g (122 g)

Amount Per Serving

Calories 100 — Calories from Fat 41

% Daily Value*

Total Fat 5g	7%
Saturated Fat 3g	15%
Trans Fat 0g	
Cholesterol 12mg	4%
Sodium 105mg	4%
Total Carbohydrate 14g	5%
Dietary Fiber 2g	8%
Sugars 1g	
Protein 2g	

Vitamin A	40%	Vitamin C	27%
Calcium	1%	Iron	3%

*Percent Daily Values are based on a 2,000 calorie diet. Your daily values may be higher or lower depending on your calorie needs.

©www.NutritionData.com

Castillo de Couscous

Solo con el nombre de este plato esta suficiente bueno para que los niños lo pruebe, y el sabor estupendo lo mantendrán cavando.

Ingredientes:
1 caja (5-6 onzas) de couscous (puede encontrar cerca el arroz en la tienda)
1 lata (14 onzas) de caldo claro de pollo o verdura
2 cdas de manteca o mantequilla
½ taza de una mezcla de arvejas con zanahorias congeladas
1 cuenco chico o taza de vidrio (este es para su molde del castillo)

Direcciones:
Prepara las arvejas y zanahorias según las direcciones en el paquete. Prepara el couscous según las direcciones del paquete, pero sustituye la misma cantidad de caldo en lugar del agua de las direcciones. Si es necesario puede agregar agua al caldo para medir la cantidad correcta de líquido dirigido en las direcciones. Después de mullir el couscous con un tenedor, agregue la manteca o mantequilla y la mezcla de arvejas y zanahorias al couscous. Mézclalo poco a poco.

Para hacer los castillos: Ponga la mezcla de couscous en un bol chico o una taza de vidrio y aplástela con la parte atrás de una cuchara hasta que esté lleno. Coloque un plato encima de la tapa del bol o taza y vuélvelo hacia abajo. Con delicadeza remueve el bol o taza. ¡Presto, un castillo!

Se hace alrededor 6 porciones para niños pequeños o 4 porciones para adultos

Idea para el Menú
Sírvelo con barbacoa de pollo

PLATOS DE ENTRADAS

PLATOS DE ENTRADAS

Zanahorias de Acer

Ingredientes:
1 libra de zanahorias
1 taza de caldo claro de pollo o verdura
2 cdas de manteca
2 cdas de jarabe de acer
2 cdas de anacardo picado (opcional)

Direcciones:
En una cazuela hierve el caldo de pollo o verduras. Agregue las zanahorias y vuelve a hervir. Reduce al fuego lento y cuece para 3 minutos. Saque del fuego y vierte las zanahorias y caldo a un colador para escurrirse. Con la cazuela todavía caliente mete la manteca y jarabe y revuelve hasta que la manteca se derrita. Agregue las zanahorias y revuelve poco a poco. Ponga las zanahorias en un plato de servir y espolvoréalas con anacardo picado.

Se hace 10-12 porciones para niños pequeños o 4 porciones para adultos

Idea para el Menú
Sírvelas con sándwich caliente de queso

Nutrition Facts
Serving Size 1/10 of recipe 56g (56 g)

Amount Per Serving
Calories 39 — Calories from Fat 16

% Daily Value*
- Total Fat 2g — 3%
- Saturated Fat 1g — 5%
- Trans Fat 0g
- Cholesterol 3mg — 1%
- Sodium 38mg — 2%
- Total Carbohydrate 5g — 2%
- Dietary Fiber 1g — 3%
- Sugars 4g
- Protein 1g

Vitamin A 86% • Vitamin C 3%
Calcium 1% • Iron 1%

*Percent Daily Values are based on a 2,000 calorie diet. Your daily values may be higher or lower depending on your calorie needs.

©www.NutritionData.com

Caldo de Frijoles Negros

Ingredientes:
1 cda de aceite de aceituna
1 taza de cebolla picada
2 clavos de ajo, molido
2 latas (14 onzas cada una) de tomates cortadas en dados
2 latas (15 onzas cada una) de frijoles negros, escurridas y lavadas
1 lata (4 onzas) de chiles verdes picada
1 lata (15 onzas) de caldo claro de pollo
2 cdtas de comino molido

Direcciones:
En una cazuela mediana, caliente el aceite con medio fuego. Agregue la cebolla y el ajo y freír por 5 minutos, hasta que la cebolla se hace tierna. En una licuadora o procesador de alimentos combine la cebolla, tomate y frijoles. Mezcla hasta suave (puede hacer en dos lotes si es necesario). En la cazuela mediana, combine la mezcla de frijoles con el caldo y el comino. Cocine el caldo con fuego lento alrededor de 15 minutos, removiéndolo con una cuchara de vez en cuando. Sírvelo caliente, guarneciendo cada tazón con cualquier o todo de los ingredientes abajo.

¡Para incluir extra sabor y diversión, haga una "Barra de Caldo" para la cena! ¡Ponga el caldo en los tazones y deje los niños a espolvorear cualquiera de los ingredientes al caldo! Aquí hay algunas sugerencias:
- Rebanaditas delgaditas de cebolla verde
- Cilantro picado
- Cubitos de aguacate
- Crema agria
- Pedacitos de tocino
- Jamón cortado en dados
- Queso rallado

Se hace 8-10 porciones para niños pequeños o 5-6 porciones para adultos

Nutrition Facts
Serving Size 1/8 of recipe 317g (317 g)

Amount Per Serving	
Calories 156	Calories from Fat 20
	% Daily Value*
Total Fat 2g	4%
Saturated Fat 0g	2%
Trans Fat	
Cholesterol 0mg	0%
Sodium 1030mg	43%
Total Carbohydrate 27g	9%
Dietary Fiber 9g	35%
Sugars 1g	
Protein 9g	
Vitamin A 10%	Vitamin C 26%
Calcium 8%	Iron 17%

*Percent Daily Values are based on a 2,000 calorie diet. Your daily values may be higher or lower depending on your calorie needs.

©www.NutritionData.com

CALDOS

Caldo de Coliflor Cremoso

Los caldos son magnífico para introducir los niños pequeños a verduras. Si la habilidad de su niño pequeño no es suficiente refinado para manejar una cuchara, vierte el caldo en una taza y déjelo sorberlo.

Ingredientes:
1 cabeza de coliflor, con el corazón sacado y cortado en cogollitos
1 papa mediana, pelada y cortada en dados
4 tazas de caldo claro de verduras o pollo
½ cdta de condimento Italiano
2 clavos de ajo
1 taza de leche

Direcciones:
Ponga todos los ingredientes en una olla grande. Hiérvelo sobre fuego alto. Al hervir reduzca el fuego a lento, tápalo, y caliéntalo por 30 minutos. Viértelo en lotes a la licuadora, tomando en cuenta de no llenar la licuadora demasiado. Mezcla hasta suave. Puede usar una batidora de mano también y batir el caldo directamente en la olla. Remuévelo poco a poco agregando la leche. Sírvelo.

Se hace 8-10 porciones para niños pequeños o 4-5 porciones para adultos

Nutrition Facts
Serving Size 1/8 of recipe 222g (222 g)

Amount Per Serving	
Calories 121	Calories from Fat 18
	% Daily Value*
Total Fat 2g	3%
Saturated Fat 0g	2%
Trans Fat	
Cholesterol 1mg	0%
Sodium 836mg	35%
Total Carbohydrate 22g	7%
Dietary Fiber 4g	16%
Sugars 4g	
Protein 5g	
Vitamin A 42% • Vitamin C	69%
Calcium 4% • Iron	8%

*Percent Daily Values are based on a 2,000 calorie diet. Your daily values may be higher or lower depending on your calorie needs.

©www.NutritionData.com

Caldo de Verano Tropical

Caldos frescos de frutas son dulces, saludables y refrescantes. Lleva dos cucharas a la mesa con cada tazón de este caldo. Mejor aún, lleva un tazón segundo – los niños pequeños no le gustan compartir. ¡Buen provecho!

Ingredientes:
1 mango pelado, el corazón sacado y cortado en trozos
½ taza de piña, cortada en trozos
1½ taza de yogurt de sabor vainilla
½ taza de leche
1 cda de miel
2 cdtas de jugo de lima
Pellizco de nuez moscada y canela

Direcciones:
Haga un puré de todos los ingredientes en una licuadora. Déjelo a enfriar y sírvelo.

Se hace 8-10 porciones para niños pequeños o 4 porciones para adultos

Idea Para el Menú
Sírvelo con sándwiches de ensaladade atún o ensalada de pollo

CALDOS

Caldo de Espárragos Cremosos

Ingredientes:
1 libra de espárragos, limpiados y cortados en pedazos
2 cdas de aceite de aceituna o de verdura
½ taza de cebolla picada
1 clavo de ajo, molido
1 papa mediana, pelada y cortada en cubitos (para ahorrar tiempo puede usar 1 taza de picadillo dorada de papas crudas congeladas)
3 tazas de caldo claro de pollo o verduras
1 taza de leche
Sal y pimienta al gusto

Direcciones:
En el fuego mediano, cocine el aceite, cebolla, y ajo en una olla grande. Freír hasta blando (unos 5 minutos). Agregue los espárragos, papas, y caldo. Lleve a hervir en fuego alto. Reduzca el fuego, tápala, y cuece 20 minutos. Bate el caldo hasta suave con una batidora de mano, o un procesador de alimentos o una licuadora. Darle vueltas al caldo mientras que agregue la leche (lactosa, soya, o coco). Agregue sal y pimienta al gusto. Sírvelo caliente.

Se hace 8-10 porciones para niños pequeños o 4-5 porciones para adultos.

Nutrition Facts
Serving Size 1/8 of recipe 205g (205 g)

Amount Per Serving

Calories 114	Calories from Fat 46

	% Daily Value*
Total Fat 5g	8%
Saturated Fat 1g	6%
Trans Fat	
Cholesterol 5mg	2%
Sodium 151mg	6%
Total Carbohydrate 13g	4%
Dietary Fiber 1g	6%
Sugars 5g	
Protein 5g	

Vitamin A	5%	Vitamin C	15%
Calcium	6%	Iron	7%

*Percent Daily Values are based on a 2,000 calorie diet. Your daily values may be higher or lower depending on your calorie needs.

©www.NutritionData.com

Pan de Plátano (Banana)

Este es un viejo pan dulce favorito. Puede servirlo como postre.

Ingredientes:
3 plátanos maduros, machacados
2 huevos, batidos
2 tazas de harina
¾ taza de azúcar
1 cdta de sal
1 cdta de bicarbonato de soda
½ taza de nueces, picada (opcional)

Direcciones:
Precaliente el horno a 350 grados. Engrase una cacerola de pan (9 x 5 x 3) o una cacerola de 8 x 8 pulgadas. Mezcla los plátanos y huevos juntos. Agregue el azúcar, harina, sal, bicarbonato de soda, y nueces hasta que combine bien. Vierte la masa a la cacerola preparada y cuece al horno por 1 hora (45 minutos si está usando la cacerola de 8 x 8) o hasta que el pan está firme y al meter un palito en la mitad sale limpio. Déjalo enfriarse antes de cortar.

Juegue Escondites y hurtadillas: ¿Quiere poner más frutas y verduras en la dieta de su niño? Entra a hurtadillas algunas vitaminas extras a este pan dulce. Trata mezclar una de estas comidas a la masa antes de cocinar:
- ½ taza de calabaza de lata
- ½ taza de calabacín rallado
- ½ taza de zanahorias ralladas
- ½ taza de puré de manzana (reduce el número de plátanos a 2)

Se hace 24 porciones para niños pequeños o 12 porciones para adultos

Idea Para el Menú
Unta con crema de queso suave. Sírvelo con fresas y una taza de leche
Unta 2 rebanadas delgadas con manteca de cacahuate y mermelada. Sírvelo con puré de manzana y una taza de leche.

Nutrition Facts
Serving Size 1/24 of recipe 35g (34 g)

Amount Per Serving	
Calories 77	Calories from Fat 1
	% Daily Value*
Total Fat 0g	0%
Saturated Fat 0g	0%
Trans Fat 0g	
Cholesterol 0mg	0%
Sodium 153mg	6%
Total Carbohydrate 18g	6%
Dietary Fiber 1g	3%
Sugars 8g	
Protein 2g	
Vitamin A 0% • Vitamin C	2%
Calcium 0% • Iron	3%

*Percent Daily Values are based on a 2,000 calorie diet. Your daily values may be higher or lower depending on your calorie needs.

©www.NutritionData.com

POSTRES

Crema de Bayas y Plátanos (Bananas)

Arándanos son buenas botanas para niños pequeños, y un puñado siempre está a la disposición a ellos en su almuerzo de escuela. Trata de hacer esta receta como sorpresa para su merienda después de la escuela o para un postre. La crema de plátanos también tiene buen sabor arriba de helado o yogurt congelado.

Ingredientes:
1/3 taza de queso ricota
1 cdta de jugo de limón
1 plátano, pelado y rebanado
2 cdas de leche
2 cdas de miel
1 ½ taza de arándanos, lavados y escurridos

Direcciones:
En una licuadora o un procesador de alimentos, combine todos los ingredientes menos los arándanos. Mezcla hasta muy suave (unos 2 minutos). Vierte a un plato hondo mediano y envuelve los arándanos con delicadeza. ¡Sírvela en tazones con cucharas grandes! Esta receta no preserva bien. Ponga las sobras en la refrigeradora y sírvelas para el desayuno el próximo día.

Se hace 6 porciones para niños pequeños o 3 porciones para adultos

Nutrition Facts
Serving Size 1/6 of recipe 80g (80 g)

Amount Per Serving	
Calories 74	Calories from Fat 12
	% Daily Value*
Total Fat 1g	2%
Saturated Fat 1g	4%
Trans Fat 0g	
Cholesterol 5mg	2%
Sodium 20mg	1%
Total Carbohydrate 15g	5%
Dietary Fiber 1g	6%
Sugars 10g	
Protein 2g	
Vitamin A 2% • Vitamin C	10%
Calcium 5% • Iron	1%

*Percent Daily Values are based on a 2,000 calorie diet. Your daily values may be higher or lower depending on your calorie needs.

©www.NutritionData.com

Batido Anaranjado

Ingredientes:
½ taza de helado de sabor vainilla o yogurt congelado
½ taza de jugo de naranja
4 cubitos de hielo

Direcciones:
Ponga todas los ingredientes en una licuadora y mézclalos hasta suave. Sírvelo en un vaso con una pajita.

Se hace 3 porciones para niños pequeños

Nutrition Facts	
Serving Size 1/3 of recipe 77g (77 g)	
Amount Per Serving	
Calories 107	Calories from Fat 53
	% Daily Value*
Total Fat 6g	9%
Saturated Fat 4g	18%
Trans Fat	
Cholesterol 33mg	11%
Sodium 22mg	1%
Total Carbohydrate 12g	4%
Dietary Fiber 0g	0%
Sugars 7g	
Protein 2g	
Vitamin A 6% • Vitamin C	30%
Calcium 5% • Iron	1%

*Percent Daily Values are based on a 2,000 calorie diet. Your daily values may be higher or lower depending on your calorie needs.

©www.NutritionData.com

POSTRES

Polos Suaves y Cremosos

Mientras que llegan los días calorosos de la primavera y verano, es bueno tener un placer saludable y refrescante disponible para sus niños (y usted). Puede comprar moldes de polos en la tienda o el almacén. Tazas plásticos o de papel o recipientes de yogurt vacios le sirve bien para hacer polos. Simplemente mete un palo de arte para el palo de sus polos.

Ingredientes:
1 paquete 10.5 onzas de tofu suave
1 plátano mediano
2 tazas de jugo 100% puro de manzana
1 taza de fruta cortada en dados: fresas, arándanos, piña, kiwi, sandia, melón, duraznos, peras, ciruela, mango o papaya

Direcciones:
Combine todos los ingredientes en una licuadora y mézclalos hasta suave. Vierte la mezcla a los moldes y congélelos.

Sugerencia:
Si la mezcla es agria, no agarre el azúcar; agregue un poco de dulce con una o dos cucharadas de jarabe de acer o miel.

Se hace 12 polos

Nutrition Facts
Serving Size 1/12 of recipe 88g (88 g)

Amount Per Serving	
Calories 45	Calories from Fat 7
	% Daily Value*
Total Fat 1g	1%
Saturated Fat 0g	1%
Trans Fat	
Cholesterol 0mg	0%
Sodium 3mg	0%
Total Carbohydrate 9g	3%
Dietary Fiber 1g	2%
Sugars 6g	
Protein 1g	
Vitamin A 0% • Vitamin C	40%
Calcium 1% • Iron	2%

*Percent Daily Values are based on a 2,000 calorie diet. Your daily values may be higher or lower depending on your calorie needs.

© www.NutritionData.com

Polos de Plátanos Helados

Ingredientes:
Plátanos
Palos de Helados
Chocolate (1 onza para cada plátano (opcional)

Direcciones:
Pele los plátanos y córtelas a la mitad en cruz. Mete los palos en el extremo de cada pedazo. Póngalos en el congelador por 2 horas. Están listos de comer (a menos que quiere meterlos en chocolate).

Para meterlos en chocolate: Derrita el chocolate según las direcciones en el paquete. Necesitará agregar un poco de aceite (1 cucharadita – 1 cucharada, depende la cantidad de chocolate) para hacer una consistencia buena para bañar los plátanos.

Cuando el chocolate está listo, saque los plátanos congelados del congelador y métalos en el chocolate derretido o con una cuchara vierte el chocolate encima de los plátanos. Serán listos en minutos.

Almacenamiento:
Envuélvelos individualmente con plástico. Congélelos para el máximo de 2 meses.

Un plátano se hace 2 helados.

Notas